A LA VILLE

DE BOULOGNE

ET

A SON MAIRE.

A LA VILLE
DE BOULOGNE
ET
A SON MAIRE.

DISCOURS CATHOLIQUE, PRONONCÉ A BOULOGNE-SUR-MER,

PAR M. FRANCIS NETTEMENT.

PARIS,

IMPRIMERIE D'ÉDOUARD PROUX ET Ce,
Rue Neuve-des-Bons-Enfans, n. 3.

1839

AVERTISSEMENT.

S'il ne s'agissait ici que d'un discours de collége, quelle que soit l'importance de l'établissement, je ne le publierais pas. Un fait isolé n'est pas digne de l'attention publique.

Il y a dix ans que je parle dans la presse. Il m'est donc impossible de rien écrire et de rien dire sans me laisser aller aux idées générales, sans passer d'une question de détail aux questions d'ensemble.

C'est ce qui m'est arrivé dernièrement à Boulogne, dans un collége catholique, philosophiquement comme sincèrement catholique.

Cette ville de Boulogne, une des plus belles de France, qui fait chaque jour des progrès inouis dans tous les genres; cette ville, si sagement, si habilement administrée, qui entoure ce collége lui-même, si bien dirigé, collége anglais et français, comme Boulogne; la cathédrale magnifique qui s'élève au bout d'un beau collége, mais d'un collége! cette cathédrale, qu'un homme, M. l'abbé Haffreingue, le directeur du collége, *a fondée avec sa fortune personnelle*, et avec un dévoûment inouï ; toutes les idées générales, tous les souvenirs particuliers qui pouvaient m'assaillir du haut de cet édifice, œuvre d'art et de religion comme de nationalité, là-bas sur notre frontière océanique, en face de l'Angleterre ; voilà à peu près tous les élémens d'un discours dont la pensée-mère est la pensée catholique. Il a été fait, je puis le dire, sur une cathédrale.

Ce discours est en dehors de toute politique, comme je m'y trouve moi-même. J'ai parlé de Napoléon parce qu'il est comme le second fondateur de la ville de Boulogne, et que son nom est du domaine historique.

Dans une ville et dans un collége où l'on voit tant d'Anglais et d'Irlandais, j'ai cru que la courtoisie, comme la justice, m'imposaient, à l'égard d'une jeune reine vraiment tolérante, l'expression de ma reconnaissance catholique. Ceci n'est point de la politique, c'est de la convenance, c'est de la religion, c'est, si je puis m'exprimer ainsi, de l'hospitalité en paroles pour tous ces Anglais devenus presque Boulonais, qui augmentent la population et la fortune de Boulogne, et qui se trouvaient parmi mes auditeurs.

J'ai parlé de M. Guizot. Ce grand esprit, tout protestant qu'il est, me fournissait, par son impartialité même, un argument en faveur du catholicisme, et j'ai eu garde de laisser échapper un tel argument ; mais je n'ai rien dit de M. Guizot, homme politique, c'est à dire de M. Guizot tout entier, un discours prononcé dans un collége n'étant pas et ne pouvant être un discours politique. J'espère que la grande valeur de l'homme, même prise à peine par moitié, donnera force et vie à mon argumentation (1).

(1) « Dans Cousin, Villemain et Guizot, une science profonde, qu'on ne trouvait autrefois que chez les Allemands, remplace

Enfin j'ai parlé de M. le duc de Dalmatie, du maréchal Soult, précisément comme j'avais parlé de Napoléon. Le maréchal Soult est historique à Boulogne; c'est lui qui a posé la première pierre de la colonne, et la ville, à son dernier passage, lui a montré un enthousiasme général, sans distinction de partis.

Si mon discours est catholique, j'en dirai simplement la raison, c'est que les idées catholiques ont pris sur moi un grand empire; mais ceci n'intéresse que moi.

Voici mon motif général, celui qui s'adresse à tout le monde : dans notre société je vois partout anxiété, incertitude, division. Quel est, en politique, le parti qui peut prétendre à l'unité? Je n'examine ici aucun principe, je n'en juge aucun, je n'en attaque aucun; mais je sais ce que j'ai devant les yeux; je sais qu'il n'y a parmi nous d'homogénéité nulle part, d'union nulle part; que c'est la faute de tout le monde et peut-être de personne, peut-être la faute du siècle en lui-même, de ce siècle si agité, si bouleversé, qu'il a de la peine à se reconnaître et qu'il lui faut d'abord s'asseoir, car il ne sait pas encore ce que c'est que de s'asseoir, et il lui faudrait marcher !

Ces idées générales, qui n'attaquent personne, qui s'adressent sincèrement à tous les esprits vraiment philosophiques, sait-on à quoi elles conduisent? au catholicisme! Car là il y a unité, unité assurée! Là, il y a stabilité. C'est une religion qui sort même de ses ruines, comme cette cathédrale

l'esprit superficiel de Voltaire. Ils ont une intelligence, une perspicacité qui étonnent. Ils épuisent leurs sujets; c'est comme s'ils foulaient du raisin dans une cuve. Ce sont trois hommes éminens; je donne toutefois la préférence à Guizot : aucun historien n'a plus que lui le regard scrutateur. Par son analyse et ses rapprochemens il nous montre souvent, dans des faits à peine aperçus, la cause des événemens les plus graves. » (GOETHE.)

de Boulogne dont il ne restait pas pierre sur pierre, et que la foi catholique d'un seul homme a relevée ! Enfin là il y a liberté, car le christianisme est une religion de frères et non pas d'esclaves, comme a dit le Christ.

Que le catholicisme soit donc un terrain commun, un rendez-vous de paix et d'union pour nous tous qui avons pu appartenir à tant de partis opposés. La croix planait sur la terre avant le drapeau blanc et le drapeau tricolore. La croix est le drapeau du monde chrétien; cette croix, signe d'affranchissement pour le monde, qu'elle soit pour nous un signe de ralliement moral, intellectuel; élevons, dans nos pensées, un nouveau calvaire où nous sacrifierons toutes nos haines, tous nos ressentimens, tout ce qu'il y a d'humain dans ce qui nous divise; arrivons à tout juger un jour du point de vue religieux, avec toute la liberté légitime de notre jugement, mais avec charité. Je ne sais point, je ne veux point chercher quel résultat politique suivrait ce ralliement général aux idées catholiques et chrétiennes; tout ce que je sais, tout ce que je sens, c'est que personne n'aurait à s'effrayer d'un tel résultat, et que la France, une fois entrée dans cette voie, comme elle paraît vouloir y entrer, comme bien des symptômes l'attestent à Paris, le monde obéirait au signal de la France comme il y a toujours obéi, et que si la croix était l'étendard de la France, elle serait bientôt l'étendard du monde !

Et que faut-il pour cela au catholicisme ? Pas de pouvoir; seulement la liberté de ses mouvemens, si je puis dire, et, par exemple, la permission d'élever des universités, des colléges comme en Belgique, comme dans l'Angleterre protestante elle-même, sous la surveillance de l'autorité, si l'autorité le veut, mais enfin la possibilité pour le catholicisme d'accomplir cette parole du Maître : « Allez et enseignez ! » Cette possibilité, pour le catholicisme comme pour toutes les communions chrétiennes. Liberté, tolérance, voilà tous les vœux des catholiques ; mais liberté pour eux comme pour tout le monde ! Le catholicisme peut demander la liberté, car il est l'ordre, il est la hiérarchie, l'unité ; et, s'il apporte tout cela à notre société déclassée, individualisée jusqu'à l'excès; s'il vient mettre son imposante unité derrière tant de non valeurs, peut-on lui refuser un peu d'air qu'il demande pour respirer, un peu de vie qu'il rendrait au centuple à la société ? Il est puissant, mais il est comme ces climats bienfaisans qu'il faut aller chercher, qui ne peuvent aller vous trouver dans les glaces du Nord; il faut faire quelques pas vers ce soleil qui ne demande qu'à nous réchauffer; faisons un pas vers lui, il en fera mille vers nous! Ne le protégeons pas, si nous ne voulons pas le protéger; il n'a pas besoin de protection ; mais quand il ne demande qu'à marcher, ne l'empêchons pas de marcher ! laissons-le faire, il n'agira que pour nous. Est-il si impossible de s'élever jusqu'à la religion, cette grande constitution où Dieu et l'homme sont représentés, cette charte du monde invisible et du monde visible, cette loi de l'âme humaine, de l'homme intérieur, comme nous avons nos lois civiles ? Les insurrections de nos mauvaises passions ne nous avertissent-elles pas tous les jours qu'il nous faut une règle, qui donne unité et sûreté à notre intelligence, qui la domine quand il le faut et qui l'aide à s'élever plus haut qu'elle ne s'éleverait jamais elle-même ? Unité, sûreté morales, basées sur une croyance infaillible, voilà ce qu'il faut à notre cœur et à notre âme; là est le port, là est la vie, là est le but! autrement nous allons à la dérive ! Oui, cette vieille comparaison de la mer à la vie sera éternellement juste, et je l'ai bien senti dernièrement sur les falaises de l'Océan: nous sommes donc tous à bord dans ce monde; résignons-nous aux raffales, aux tempêtes, aux mugissemens des vents et des vagues, mais ne perdons pas la boussole, et surtout rallions-nous au pied de la croix, cette croix spiritualiste, où Dieu lui-même est venu immoler la matière! Le monde est notre vaisseau; l'Univers, sans bornes visibles et intelligibles à nos sens, est notre Océan; le mât du vaisseau, c'est la croix!

FRANCIS NETTEMENT.

P. S. Qu'on me permette d'ajouter ici un mot tout personnel de remercîment à mes nombreux et courageux auditeurs, dont l'indulgence m'a accordé de si fréquens et de si vifs applaudissemens. Je devais parler sur une estrade dans une cour immense, au bout de laquelle s'élève la cathédrale, la plus belle perspective que pût avoir un orateur. Un orage, une tempête de port de mer, un *grain* à Boulogne, à Paris une ondée, ont interrompu un élève qui avait commencé la lecture d'un discours scolaire. Il y avait trois mille personnes. Mille à peu près ont pu se réfugier dans une immense salle formée de la salle de réception et de la chapelle de l'ancien évêché, qui est aujourd'hui le collége. On a d'abord distribué les prix en annonçant que je prononcerais un discours. Il avait été impossible de transporter des chaises inondées par l'averse, tout le monde était debout, et c'est debout que le même auditoire a écouté jusqu'à la fin, près d'une heure et demie, un discours qu'une extrême bienveillance a pu seule faire écouter ainsi, la distribution des prix étant terminée, et les portes ouvertes à qui aurait voulu se retirer; le discours a été lu aux flambeaux, tant l'heure était avancée, et sur une estrade construite à la hâte, où siégeaient M. le maire et des membres du conseil municipal.

Messieurs,

En présence des maîtres qui vous entourent, dont les enseignemens ont formé votre intelligence et votre cœur, comment oserai-je faire entendre une voix nouvelle, une parole qu'on pourrait appeler étrangère? Et cependant, Messieurs, j'espère que vous m'aurez bientôt compris. J'ai vu cet établissement si digne d'inspirer un vif intérêt d'intelligence; j'ai vu cette cathédrale, j'ai vu cette ville, et mes idées, du haut de ce dôme magnifique où j'étais monté, ont pu s'étendre sur le plus magnifique des canevas, et la plus vaste des toiles, l'Océan, Messieurs! l'Océan immense!.... Vous me croirez, Messieurs, vous croirez un homme, livré, comme vous, à la vie intellectuelle, et aux mouvemens de la pensée, j'ai obéi à une vive impression morale, à l'empire même des idées où me plaçait le spectacle imposant qui s'étendait devant moi, homme du dehors, homme pratique, venu vers vous, hommes d'intérieur et d'études profondes.

Je suis comme un écho de ce monde extérieur au dessus duquel vos maîtres sont placés. Accident sans importance, dans votre vie studieuse, exception autorisée par l'indulgence de vos maîtres, que la parole d'un passant, dont les accens vont déjà s'éteindre dans la brise de la vaste mer, que cette parole ne soit pas sans intérêt pour vos intelligences, si vous sentez qu'elle est consciencieuse et vraie, religieuse et nationale.

Messieurs, la vie des gens du monde est une vie de pleine mer; à vous qui êtes encore dans le port, je viens parler de la mer, mais je vous apporte en même temps le calme, Messieurs, une parole catholique, une conviction catholique, qui sortent de ces flots agités et divisés, et abordent ici pour vous dire la bonne nouvelle! Le catholicisme sera donc la grande unité de ce discours. Si l'on peut y remarquer quelques digressions presque inévitables, c'est toujours à lui qu'on pourra les ramener.

Messieurs, commençons par vous, par votre collége; il nous mènera à la cathédrale; de la cathédrale nous verrons Boulogne, la France et l'Angleterre, l'Océan, le monde !

J'ai vu votre bibliothèque. Je me suis permis d'y juger vos maîtres. Dans cette bibliothèque, qui est encore pleine d'intérêt à côté de la belle et riche bibliothèque de la ville, j'ai salué le grand Bossuet, je n'étais pas surpris de le rencontrer là ; mais j'y ai vu aussi les auteurs les plus profonds dans les sciences historiques et philosophiques, comme les plus élevés dans la poésie ; j'ai vu Bacon, j'ai vu Shakespear, le catholique Shakespear, car tout, dans son génie, est catholique. Racine n'était pas loin. Nos grands auteurs religieux, les Bourdaloue, les Massillon, élevaient leurs saintes voix à côté des plus grandes voix littéraires de l'Europe, même de l'Asie, même de la littérature arabe... J'ai vu Byron lui-même, mais sans crainte, vos maîtres seront ses commentateurs ; Lamartine, le chantre des *Méditations*, et, près de toute cette poésie, l'excellent ouvrage historique de Feller, et les Pères, ces admirables historiens du catholicisme !... Enfin, Messieurs, j'ai trouvé, dans cette bibliothèque, le rendez-vous de tous les genres de composition, de toutes les formes des idées, de la science théologique et profane, de la philosophie, de l'histoire et de la poésie ; le rendez-vous des deux plus grandes littératures du monde, la littérature anglaise et la littérature française ! Mais aussi, à côté de Lamartine et de Byron, j'ai vu Goëthe, le Dante Alighieri, le premier et le plus grand écrivain du moyen-âge, le père de la littérature italienne, comme Goëthe a ouvert les voies à la littérature allemande, si moderne et déjà si riche ! J'ai vu Cervantes, Don Quichotte, son chef-d'œuvre à la main, et le Camoëns, qui semble encore dans les flots tenir sa *Lusiade*, comme le Tasse, dans sa prison, sa merveilleuse *Jérusalem*! Ainsi vous avez sous la main, dans leurs propres langues, la France, l'Angleterre, l'Allemagne, l'Italie, l'Espagne et le Portugal, tous ces pays personnifiés dans les grands génies qui en ont fait la gloire!... Messieurs, vous recevez une éducation universelle, catholique!...

Mais surtout les littératures anglaise et française devaient se rencontrer ici, à Boulogne, sur les bords de l'Océan, dans un collége international pour les deux pays, où deux nations amies se donnent la main, nous l'espérons, pour ne jamais la retirer!... Et s'il m'est permis de parler de moi, dont la première jeunesse s'est écoulée en Angleterre, je sympathise avec cette éducation que vous recevez, et qui a été la mienne; éducation double, si l'on peut dire, qui nous donne une double nationalité de sentimens, de pensées, d'observations, de souvenirs, sans nous faire perdre le premier des patriotismes, celui de la terre où nous sommes nés, du sol national, de notre France, cette France antique et cette France nouvelle, toujours nouvelle; cette France, qui est la pensée du monde; cette France initiatrice; cette France, capitale intellectuelle de l'Europe, qui gardera ce grand titre, qui ne peut le laisser échapper!

Vous le voyez, Messieurs, je veux vous parler de votre intérieur; mais, malgré tout l'intérêt que ce sujet m'inspire, ma pensée déborde, et va au-delà!

Le sentiment, je l'avoue, sinon l'intelligence de la généralité, est en moi : j'ai besoin de beaucoup embrasser, de beaucoup comprendre dans le cadre de ma pensée. Toute impression, qui vient la frapper, est comme la pierre qui s'enfonce dans l'eau et y laisse un cercle après elle.

Messieurs, il me semble entendre la cloche future de cette cathédrale qui déjà nous appelle sur ce dôme qui rivalisera avec celui de Saint-Paul de Londres. La cathédrale nous arrache au collége, l'idée générale à l'idée particulière !... Messieurs, elle est haute la demeure du Seigneur : *in altis habitat Dominus!* Hâtons-nous, je vous l'ai dit : de là nous avons à voir Boulogne et tous ses grands souvenirs, Londres, Paris, la mer, le monde, le plus vaste des panoramas moraux et physiques, et, ce panorama, de ce dôme où sera la croix !...

N'est-ce pas la plus catholique comme la plus vaste des perspectives?

Oui, Messieurs, la pensée catholique, cette pensée large, tolérante, éclairée, mais point indifférente, elle ne peut l'être parce qu'elle est une pensée vraie; cette pensée, qui a fondé ce collége, qui bâtit cette cathédrale et dont votre directeur est le digne instrument, mais l'instrument, lui qui a fait graver cette belle maxime dans la chapelle de la vierge : *Qui se humiliat exaltabitur*, « celui qui s'humilie sera élevé, » maxime qui est sa vie entière; eh bien! Messieurs, la pensée catholique qui a encore dicté cette sainte maxime, cette pensée divine et conciliatrice, pensée de foi et de charité, pensée d'intelligence et d'amour, pensée de fraternité universelle qui marche aujourd'hui dans le monde, qui attire à elle bien des opinions diverses ; cette pensée catholique, Messieurs, pensée d'union et de paix, et en même temps cette grande bataille que l'âme livre au corps depuis dix-huit cents ans, cette pensée, qui est la vierge de Bethléem triomphant de la Vénus, de Cypris, et tous les dieux, passions des hommes vaincus par un seul Dieu ; la discorde et l'anarchie de l'âme et du corps, domptées par la grande unité religieuse et morale ; c'est lui, c'est le catholicisme, le règne d'un seul Dieu, le règne de l'esprit, sa victoire, c'est cette vérité infinie, c'est ce fait énorme qui réclamera bientôt votre attention !

Je vous dirai ce que j'ai vu, je vous dirai ce qui se passe ; je vous le dirai en philosophe, je n'ai pas mission pour prêcher ici, mais je vous le dirai en philosophe catholique. Je sais respecter la sincérité de toutes les convictions, je suis incapable de les blesser, mais je crois pouvoir offrir, à tout esprit intelligent, un résumé impartial des tendances de notre époque. Si ces tendances sont catholiques, Messieurs, c'est ici, surtout, que le devoir d'un catholique est de le dire.

Voyons d'abord la coupole de Notre-Dame de Boulogne, cette chapelle de la vierge d'un goût si simple et si pur, cette crypte découverte si intéressante pour les antiquaires ; étudions tout ce que l'art a déjà fait pour la cathédrale qui manquait à cette ville, qui lui manque encore, qui a disparu dans les tourmentes révolutionnaires, et qui se relève maintenant, mais qui n'est pas encore relevée, — qui se relevera, Messieurs, parce que le sentiment religieux se rétablit merveilleusement dans notre France, parce qu'il se présente noble, désintéressé, vraiment chrétien et catholique, uniquement catholique et chrétien, et que tel, il ne sera point repoussé ; parce qu'il vient donner aux hommes la bonne nouvelle, cette nouvelle de fraternité universelle que le Christ leur apporta, il y a près de deux mille ans ; cette nouvelle, qui est la même dans l'Angleterre et la France monarchiques, comme dans l'Amérique républicaine ; cette nouvelle qui est pour chacun et pour tous !

Mais si, les pieds sur le dôme de votre cathédrale, la tête et les yeux fixés vers le ciel dont l'on est plus près, on répète le vers de Virgile : *cœlum undique et undique pontum*, partout le ciel, partout la mer ! Si l'on est saisi et dominé par des idées immenses, comment vous parler avec le détail que je m'étais promis, de tout ce que j'y ai admiré comme art, comme architecture ? Le diamètre de la coupole surpasse celui du Panthéon de Paris. La réunion des ordres les plus parfaits de l'architecture que nous ait laissés la Grèce, s'y retrouve au dedans et au dehors. Colonnes, corniches, ornemens et cette belle pierre qui appartient aux carrières de Boulogne, comme le marbre boulonais que l'on verra à côté de la pierre du pays ; tout rehausse, dans une pensée artiste, un tel monument. Mais ces autels multipliés dans le vaste édifice, déjà vaste, quoique la nef soit à bâtir (1) et qu'on n'en voie encore que les colonnes ; ces autels, qui, dressés d'étage en étage comme les marches de la prière et les stations de l'âme, graviront avec vous la coupole, qui vous suivront vers le ciel pendant que vous monterez au dôme ; cette échelle sainte, cette échelle de Jacob sur laquelle on lutte avec l'ange, voilà ce qui saisit une pensée catholique, spiritualiste !...... Oui, on montera au dôme, ce dôme puissant qui domine la mer et la dominera plus encore ; on y montera, et, avec vous, avec chacun de vos pas, la prière du prêtre de Dieu s'élèvera comme pour vous conduire au ciel !..... Ah ! Messieurs, la pensée de ces autels échelonnés vers les cieux, est une belle pensée, une pensée catholique, une pensée d'âme et de haute spiritualité ! Elle est digne de cette religion qui vous prend au berceau comme une mère, et qui ne vous abandonne qu'à la tombe, parce qu'elle sait que Dieu est au delà !

(1) Il faut encore plus de cinq cent mille francs pour terminer ce magnifique monument, qui annonce la France à l'Angleterre, et que l'on verra de Douvres, peut-être de Cantorbéry.

Messieurs, le temps nous presse, je ne veux pas retenir trop long-temps les couronnes, que vous avez méritées, suspendues au dessus de vos jeunes têtes, et cependant j'ai encore à vous parler.

Tout me frappe sur ce dôme. Qu'ai-je vu, à droite, à gauche, en face de moi, de tous côtés? Je voulais décrire ces collines qui forment un riant, poétique et vaste amphithéâtre de verdure autour de Boulogne, Saint-Martin, Outreau, *ultrà aquam*; Marquise, que la pensée découvre à trois lieues avec ses grandes et inépuisables carrières, dont la cathédrale est sortie. — Je voulais vous montrer la haute ville, la ville antique, en demi-cercle, étagée sur ses hauteurs; pyramide du passé, tour du moyen-âge, qui, avec ses remparts, regarde la mer comme de la cime de sa montagne... Et la basse ville, cette œuvre moderne de l'industrie et de la prospérité boulonaises, qui descend de la haute ville, et qui, partant d'une large base, va effiler son angle vers Ambleteuse. Je planais sur ce beau musée aux riches collections, je voulais le voir avec vous. Le panorama est grandiose, magnifique au dedans comme au dehors, quand on a Boulogne devant les yeux! Et la perspective que l'œil embrasse si admirablement du haut de la cathédrale, d'où l'on découvre une vue de quinze lieues sur la mer, d'où l'on voit non seulement Douvres, mais une côte anglaise bien plus lointaine; un tel panorama suffirait, sous le rapport de l'art, pour nationaliser un tel monument, s'il n'était pas déjà national.

Mais, Messieurs, soit que je regarde la ville, soit que je me retourne vers cette colonne mémorable faite avec le marbre boulonais, je suis assailli de souvenirs, de souvenirs qui sont ceux de toute cette ville, de souvenirs qu'un illustre maréchal serait venu ranimer l'année dernière au milieu de vous, si vous aviez besoin qu'on les ranimât ! Sur ce dôme, la religion vous montre la gloire; le Dieu des armées, le plus grand capitaine des temps modernes !... Tout me parle ici du camp de Boulogne, je veux dire des camps de Boulogne, car il y en eut, je crois, plus de huit ! Sur cette même côte, où l'on a vu César et les Romains, où vous retrouvez leurs médailles, non loin de la rue Royale, à Brecquerèques; sur ce rivage, où l'on nous montre le fort de Caligula; dans cette ville historique, où tous les rois de France venaient en pélerinage à Notre-Dame; dans la ville de Godefroi de Bouillon, chanté par le Tasse immortel; dans cette ville, qui est une ville riche, une ville de luxe, aux courses brillantes, aux bains magnifiques; une ville où les constructions luttent maintenant de grandeur avec les constructions parisiennes; en présence de tous ces développemens de la civilisation moderne, que de souvenirs historiques, religieux et poétiques ! Que de souvenirs du passé nous redit ce beffroi; que de souvenirs glorieux pour vous; souvenirs de vos saints et de vos héros, de Godefroi de Bouillon et d'Asseline! Oui, chaque fois que je l'entends, ce beffroi, dans sa tour antique, et qu'il sonne là solitaire, comme un dernier écho du passé, il me semble que c'est l'heure du passé qui sonne dans le beffroi!... Et je me retourne vers la cathédrale qui s'élève, vers la cathédrale qui, en s'élevant, semble remonter chaque jour vers Dieu dont elle vient... et j'écoute, en pensée, l'heure nouvelle, l'heure de l'avenir qui doit y sonner!..... Je pense à la croix qui surmontera l'édifice, à la croix, ce premier drapeau du monde chrétien, qui a précédé tous les drapeaux des nations, et qui s'élèvera là, pavillon de Dieu, exposé aux regards du brave marin qui espère en la Vierge, en Notre-Dame; et cette croix, ce pavillon lui apparaîtra, dans le beau temps et dans la tempête, sous quelque pavillon de ce monde qu'il navigue, vers la vie ou vers la mort; refuge et asile que cette croix et cette cathédrale qui domineront tous les mats des vaisseaux, tous les flots de la mer, comme toutes les inquiétudes, comme toutes les douleurs, comme toutes les joies humaines, et qui regarderont Cantorbéry, l'ancienne cathédrale catholique, la cathédrale de Thomas Becket, comme des sœurs ressuscitées à qui la voix revient pour parler à celle qui fut leur sœur!

Eh bien, quoique j'aie, devant les yeux, tout le panorama historique du passé le plus lointain, le camp de Boulogne me retient, me préoccupe, m'accapare ! Messieurs, du haut de ce dôme je crois avoir aperçu le petit chapeau du vainqueur d'Austerlitz, de celui qui a rouvert tant d'églises, Messieurs, relevé tant de croix, de Napoléon Bonaparte ! le premier et le dernier de sa race, emportée tout entière et ensevelie dans les plis de ce manteau impérial qui a couvert l'Europe, et dont il a laissé tomber, on doit le dire ici, beaucoup de grandeur et de prospérité sur la ville de Boulogne (1) ! J'aperçois, de la cathédrale, le fronton d'un édifice qu'il a occupé ; ce fronton, à cime anguleuse, est taillé presqu'à la manière du petit chapeau de l'empereur !... Il était là, Messieurs !... Arrêtons-nous un instant devant cette grande figure historique qui appartient désormais à l'histoire de cette ville ! Le camp de droite, le camp de gauche, le camp d'Etaples, le camp d'Ambleteuse, voilà quels étaient les camps principaux. Boulogne, vous le savez, en était environné : 1804 est une date qui est véritablement une nouvelle date de fondation et de prospérité pour cette ville, malgré toute son antiquité, malgré la séduction qu'elle semble avoir exercée sur tous les rois de ce pays.

Napoléon est venu ici se poser, et sa grande image y est restée. La colonne parle de lui ; le Château du pont de brique a gardé son souvenir ; là bas, sur la

(1) Napoléon disait : « Chaque pavé de Boulogne me paraît d'or, tant j'ai dépensé pour cette ville ! »

côte, il y a la baraque de Bonaparte ! Enfin, le grand capitaine est partout à Boulogne, et sa gloire a laissé son reflet sur cette ville, sur cette ville patriotique et pacifique, où l'on aime la paix, parce qu'elle est nécessaire au monde, parce que le travail des idées civilisatrices et religieuses ne s'accomplit pas pendant la guerre, parce que la guerre est un état violent, une interruption de la grande société et de la fraternité humaines, mais où l'on sait admirer le génie, même le génie le plus guerrier des temps modernes, et où l'on est reconnaissant des bienfaits !

On dit qu'en revoyant cette colonne dont il a posé la première pierre en 1804, le maréchal Soult, le lieutenant de César, n'a pu retenir ses larmes, des larmes de soldat, des larmes qui l'honorent, Messieurs, et dont Boulogne le remercie ! Il a revu 1804, il a revu la grande épée qui organisait la victoire ; il a tout revu, et son passé et celui de l'Empereur, et tant de victoires, et cette chute grande comme une telle vie, et le soldat a pleuré, Messieurs, et il a été noblement ému, et il a comme adopté cette ville, dont il est depuis long-temps l'ami, où il a été reçu avec un enthousiasme que rien n'a pu surpasser, un enthousiasme qui l'y rappellera, nous l'espérons, et qui le ramènera, lui, le glorieux drapeau de la gloire impériale, sur cette terre, dans cette ville que lui a léguées l'empereur !

Depuis le camp de Boulogne, la ville a toujours été en progrès.

Cette population de cinq mille pêcheurs, bonne et généreuse population, qui est votre peuple, est heureuse parce qu'elle est laborieuse et que tout le monde travaille ici. Elle s'étend même au delà de la ville, et le soir, sur l'immense jetée qui semble couper la mer en deux parties, quand on se promène à la brise nocturne, entre les vagues et les nues, il est facile d'apercevoir, à la clarté de la lune et des étoiles qui se reflètent dans la mer, les feux d'Ambleteuse et du Portel.

Votre jetée s'étend de plus en plus. Elle allonge, chaque année, ses bras dans l'Océan dont elle semble vouloir étreindre les eaux, et, chaque année, elle porte plus loin ses phares, comme les doigts lumineux de ses grandes mains, qui indiquent le port aux vaisseaux qui de nuit se dirigent vers Boulogne. Votre port s'agrandit et s'embellit aussi chaque année. Traversons la Liane, et nous trouverons une filature de lin, que vous allez chercher à quelques lieues d'ici ; cette manufacture date seulement de trois années, et ses progrès sont remarquables. C'est avec l'Angleterre un rapport commercial de plus. Boulogne, jusqu'à présent, est surtout pour le commerce une ville de transit, si je puis dire, de l'intérieur à l'extérieur, et de l'extérieur à l'intérieur. Le nombre des maisons de commission y augmente d'année en année, et, si je puis m'exprimer ainsi, le commerce commissionnaire y fleurit réellement et tend à y fleurir davantage. Cependant la richesse et la prospérité de la ville, en se développant, tendent à se consolider et à s'immobiliser. Boulogne se fait aujourd'hui une véritable base commerciale qui lui appartient, qui sera indépendante, même des circonstances favorables de ce grand concours de visiteurs et d'amis qui viennent augmenter sa population et accroître sa prospérité. Boulogne a maintenant une houillère en pleine exploitation, et elle en possèdera bientôt une seconde, où sont engagés les capitaux et l'intelligence de spéculateurs riches et habiles. Cette terre est pleine de minerai. La société géologique de Paris a rendez-vous à Boulogne, au mois de septembre, avec la société géologique de Londres. Enfin, ce progrès, qui date d'une grande gloire, ne s'arrêtera pas. Espérons qu'un projet, dont on préfèrerait ici l'exécution à celle même d'un chemin de fer, ce projet qui serait un canal de Saint-Omer à Boulogne, par la Liane, ou plutôt d'Arras à Boulogne, s'accomplira bientôt. Ce projet, Messieurs, fut arrêté par le grand ingénieur de Louis XIV, par Vauban. C'est un projet, en même temps, commercial et stratégique.

Arras est parfaitement canalisé. Il a un canal qui va jusqu'à Saint-Omer, et, une fois Arras lié à Boulogne par un canal qui, de Saint-Omer, viendrait naturellement se jeter dans la Liane, à quatre ou cinq lieues d'ici, et de là dans la mer, il arriverait qu'Arras serait un admirable entrepôt pour Boulogne, pour le nord de la France, et enverrait ici avec une activité de circulation encore inconnue, encore impossible, qu'on ne pourrait tout à fait déterminer, mais qui serait immense, tout le commerce intérieur, tous les articles de ce commerce qui se presseraient nécessairement vers le grand débouché de l'extérieur, vers l'Angleterre, comme aussi tant d'objets de consommation, le bois par exemple, si indispensable à cette ville même, qu'elle obtiendrait par eau à de bien moindres frais, et qui doublerait sa prospérité.

J'espère qu'on ne me reprochera pas d'avoir mêlé à cette conversation, que j'aurais voulu abréger, ces détails de statistique industrielle, qui m'ont intéressé au plus haut degré, parce qu'ils intéressent une ville que j'aime.

Messieurs, l'industrie, le commerce, sont une grande puissance, c'est la mise en activité de toutes les ressources matérielles que Dieu nous a données dans ce monde. Nous avons le droit de féconder ces ressources. Le travail est un devoir de l'homme dans tous les champs de l'intelligence; sans intelligence point d'industrie, point de commerce, comme point de science, point de littérature, car la littérature est chose d'âme, Messieurs!

C'est donc à l'intelligence, à la vie morale qu'il faut tout ramener, et c'est par l'intelligence, par la vie morale, par la religion, que nous finirons cet entretien, cette simple causerie littéraire et religieuse.

J'ai vu la France et l'Angleterre, au milieu desquelles vous vous trouvez comme une station ouverte aux méditations d'une pensée, placée entre deux peuples, entre deux civilisations, entre les deux plus grands peuples, les deux plus grandes civilisations qui existent dans le monde européen, le premier des mondes !... Je viens de voir les bords du Rhin, la Suisse, la Belgique, la Hollande, les parties importantes de l'Allemagne centrale, et partout les mêmes observations religieuses et philosophiques ont été le fruit des études consciencieuses de ma pensée et de cet amour pour la vérité, sans lequel il n'y a de vie morale ni pour l'individu, ni pour les masses. Eh bien ! Messieurs, tout ce que j'avais éprouvé, tout ce que j'avais pensé, m'est revenu avec une puissance toute nouvelle de sensation, et comme une improvisation que m'envoyaient toute faite les objets extérieurs que je dominais, lorsque je me suis vu sur la plateforme de la cathédrale, au dessus de cette ville, dont mon œil embrassait toutes les lignes et suivait la prospérité qui semble croître sous les regards ! Du haut de ce dôme, qui sera bien plus haut encore, et qui rappelle déjà les plus belles basiliques, qui met Londres, Paris et Rome dans Boulogne ; à cette élévation puissante où je me trouvais seul avec ma pensée, la grande harmonie morale, qui se rétablit dans ce monde, dont l'Océan à mes pieds semblait m'ouvrir l'horizon immense.

universel, cette harmonie morale s'est présentée devant moi!... Cette cathédrale, qui regarde l'Océan et qui paraît lui dire. « *Nec longius ibis,* Tu n'iras pas plus loin; » Notre-Dame de Boulogne, ce monument de Boulogne est devenu pour moi travaillé par toutes ces impressions recueillies dans de longs voyages en Europe, le monument de l'Europe entière, du monde entier. La grande impression du moment a réuni et concentré toutes les autres en elle-même; un instant m'a rendu toute une année de voyages. Ici, j'ai tout ressenti de nouveau, tout revu, tout résumé, tout embrassé; et je vous dirai tout, Messieurs, avec la pensée que j'accomplis un devoir en vous faisant, à vous, jeunes hommes, un simple mais utile récit, et comme le rapport et le compte-rendu de mes voyages.

Ainsi, Messieurs, il nous faut sortir de Boulogne comme il nous a fallu sortir de ce Collége; du haut de la cathédrale, Messieurs, on voit de loin, et nous pouvons faire un grand voyage de la pensée.

Messieurs, j'ai à vous parler de la France, de l'Angleterre, du monde; c'est un récit que je vous fais; je n'ai, je le répète, ni le droit, ni la prétention de dogmatiser ici, et de changer cette simple causerie en une controverse sans puissance dans ma bouche; mais, Messieurs, voilà ce qui se passe! Le monde se recueille et rentre, pour ainsi dire, en lui-même, et il cherche la vérité dans les profondeurs de sa pensée et de sa conscience. A Paris, dernièrement, un fait inattendu des catholiques les plus zélés s'est produit de lui-même sans le moindre prosélytisme. Un journal bien connu, long-temps citadelle du voltairianisme, une feuille dont les idées semblaient exclure toute idée religieuse, cette feuille qu'il faut nommer, *le National,* a vu tous ses rédacteurs, je crois, en masse, au moins en grande majorité, déclarer, dans une circonstance où il s'agissait d'attaquer le catholicisme avec leur plume, qu'ils étaient catholiques, et qu'ils briseraient plutôt leur plume que d'attaquer la religion. Messieurs, cet événement est immense dans la sphère des idées, et l'on a dit avec raison qu'il y avait là une conversion de cinquante mille âmes.

Aux Petits-Pères, à Paris, une association publique, autorisée par le Gouvernement, existe pour la conversion des personnes qui n'appartiennent pas à la religion catholique, soit par leurs idées, soit par leur communion. Cette association, qui était, il y a peu de temps, de quatre cents membres, s'élève aujourd'hui à plus de vingt mille.

Enfin, Messieurs, quoi de plus? Que MM. Lacordaire et de Ravignan montent à la chaire de Notre-Dame de Paris, l'église est comble des élèves de l'École Polytechnique, de l'École de Droit et de l'École de Médecine! Les résultats, ils arrivent progressivement; chaque année ils augmentent! Ce n'est pas une fougue, ce n'est pas une vogue; c'est un raisonnement, un travail intérieur qui s'accomplissent dans ces jeunes intelligences!

Quant à l'Angleterre, Messieurs, il y a une université à Londres maintenant, une université libre, pleine de tolérance, qui ne ferme les bras à personne. Messieurs, dans ce moment même, Oxford contemple Rome; on se regarde, on s'étudie avec le désir de se connaître; le sentiment, le besoin de la véritable science qui mène à la vérité, ont remplacé des impressions anciennes bien différentes. Ce siècle est rare et inouï : il se passe de prosélytisme, il n'en a pas besoin; il l'exerce sur lui-même! Certes, la parole catholique, annoncée avec puissance et vérité, agit du haut de la chaire comme du haut de sa tribune naturelle; mais il arrive à la religion; ce que je demanderai la permission d'appeler des coups de fortune, s'il ne valait pas mieux dire des coups de Providence! La France envoie à Rome un jeune Parisien, un peintre de talent qui a remporté le grand prix; ce peintre, jeune homme plein d'avenir, va revenir en France. Il nous apporte des tableaux, pensez-vous? Non, Messieurs, non; il nous rapporte la croix! Siècle étonnant! disait à ce sujet un grand personnage, un très grand personnage, Messieurs : nous envoyons à Rome des peintres, ils nous reviennent prêtres! Et, en effet, ce jeune homme reviendra avec M. Lacordaire, prêcher dans un ordre de prédicateurs qu'il est allé fonder à

Rome pour le ramener en France et se livrer à la prédication, comme firent les apôtres quand le christianisme se fonda !

Pendant que la cathédrale de Notre-Dame s'élève ici, une cathédrale catholique va s'élever à Londres. Une souscription générale des catholiques anglais y pourvoit déjà.

On a vu, à Londres, le célèbre docteur Wiseman, cet homme si modéré, si convaincant, cet homme de religion et de science, parler à ses compatriotes un langage dont les effets ont été grands et dont il semble que cette cathédrale qui va s'élever sera la conséquence. Ainsi le catholicisme à Londres sort de ces chapelles où il était relégué, de ces chapelles qu'il ne possède sûrement que depuis l'émancipation, sous une reine tolérante, pour laquelle prient tous les catholiques, et à laquelle nous disons tous ici, Anglais et Français : « *God save the queen!* » Sous le sceptre virginal de Victoria, sous le gouvernement d'une jeune vierge, le catholicisme, cette religion du fils de la Vierge, étend pacifiquement ses rameaux sur la terre hospitalière de la Grande-Bretagne, la terre des saints, comme elle fut appelée ! Que saint Thomas de Cantorbéry, du ciel, contemple ce spectacle, lui, l'ami du peuple d'Angleterre, lui, le véritable apôtre qui savait sacrifier l'amitié d'un roi aux devoirs du pasteur ; sujet fidèle du prince, mais aussi père et défenseur des malheureux, refuge des pauvres Saxons contre la tyrannie normande, homme national dont le nom est resté cher à tous les Anglais!

Et toi, Irlande fidèle, qu'il me soit permis de te saluer aussi et de féliciter respectueusement la jeune reine Victoria, Victoria la tolérante, qui te tend la main, à toi la verdoyante Erin! terre de l'apôtre saint Patrick et de ce grand saint Malachie qui fut le contemporain et l'ami de notre illustre saint Bernard, ce génie universel; saint Bernard, dont, par une coïncidence extraordinaire, les traits, tels qu'on nous les a conservés dans les tableaux, ont un rapport frappant avec les traits de Napoléon. Saint Bernard, ce Napoléon, ce conquérant de la foi et du catholicisme qui gouvernait son siècle, cette grande figure historique que tout le monde admire aujourd'hui, qui est proclamée grande par l'école des Michelet et des Thierry, saint Bernard écrivit l'histoire de saint Malachie, son ami, qui était venu mourir en France auprès de saint Bernard, à Clairvaux, cette cellule qui fut la capitale du monde catholique! Le grand saint irlandais, l'enfant d'Armagh voulut finir cette vie à Clairvaux, près du grand saint français! Eloquente Irlande, terre des Sheridan, des Burke, des Grattan, comme des Saints, poétique patrie de Thomas Moore, ton plus beau titre encore c'est ta foi, ta foi persévérante, ta foi vraiment catholique, jointe à cette modération, à cette soumission aux puissances temporelles qui sont dans l'Evangile et que tout catholique doit y lire ! Ce qui est heureux pour le catholicisme l'est pour toi ! A toi aussi grande île, sœur de l'Angleterre, j'annonce la bonne nouvelle, et je félicite les deux sœurs de leur mutuelle amitié, de leur mutuelle tolérance !

L'Orient préoccupe toutes les idées, Messieurs : eh bien ! savez-vous ce qui s'y passe ? Savez-vous ce qui s'y passe, non loin d'Alexandrie, tandis que la chaire de saint Augustin se relève dans l'Afrique algérienne ? Un légat du pape était dernièrement au Caire ; il fit demander à Mehemet-Ali la permission d'y séjourner ; il l'obtint ; il obtint même une audience. Non seulement Mehemet le reçut avec tous les honneurs que l'on rend en Orient aux plus illustres étrangers, lui, l'envoyé du pape, mais il voulut que le légat demeurât dans son palais. Il fit même plus. Un de ses premiers officiers, grec catholique, venait d'avoir un fils. On parlait du baptême de cet enfant ; sa mère était grecque schismatique, et voulait que son fils fût baptisé par un prêtre de sa communion. Mehemet-Ali trancha sur le champ la question en disant au père : « Vous êtes catholique, vous avez ici un prêtre catholique, le légat du pape, c'est lui qui doit baptiser votre fils ! »

Messieurs, je tiens ce fait du docteur Wiseman, auquel Sa Sainteté l'a elle-même raconté avec une satisfaction infinie.

Toutes les nouvelles d'Orient qui arrivent à Rome sont dans le même sens. C'est de l'Orient que la religion nous est venue; elle y retourne, Messieurs, mais elle ne nous quitte pas! elle y retourne, et l'étoile des Mages recommence à briller!

La Belgique catholique, pour revenir en Europe, a ses écoles catholiques libres; les bords du Rhin aspirent à la même liberté religieuse; mais les catholiques sont sages, prudens, patiens; ils ne doivent jamais user de la force, lors même qu'ils se sentent forts; ils doivent tout attendre de la tolérance nécessaire dans ce siècle, du progrès ininterrompu des idées, et de la Providence qui nous mène!

Rien ne m'étonne dans tout ce mouvemnt du catholicisme, quand je me souviens d'un fait aujourd'hui avéré, quand je me rappelle le lit de mort de Sainte-Hélène, et Napoléon, sur son manteau de Marengo, expirant, mais en chrétien, en catholique! Oui, Messieurs, cette épée qui ne se baissait devant personne, s'est humiliée devant Dieu, et Napoléon s'est souvenu de Charlemagne! Il a appelé à son lit de mort les secours d'une religion à laquelle il avait rouvert les portes de Notre-Dame; il les a demandés et reçus, et Dieu, nous l'espérons, a béni cette grande âme qui revenait à lui!

Après une grande épée parlons d'une plume illustre, d'une plume protestante, mais philosophique, hautement philosophique!

Ce génie grave et vaste, théorique et pratique; ce philosophe, cet historien, cette intelligence connue de l'Europe entière, ses autres titres ne sont point ici de notre domaine, M. Guizot, avec l'équité et la sûreté de son jugement, de cette arme individuelle, entre ses mains si puissante, reconnaissait, il n'y a pas long-temps, dans un écrit que toute la France a lu, la grande place du catholicisme en France, et ne la contestait pas un instant ! C'étaient le protestantisme et la philosophie disant au catholicisme, par leur plus noble, leur plus sérieux et leur plus sincère organe, en lui montrant le pays : « Ici, vous êtes chez vous ! » Et je dis qu'un tel fait est un grand fait, et nous, catholiques, nous devons féliciter M. Guizot d'une impartialité et d'une justice, d'autant plus précieuses à nos yeux, que nous savons qu'elles ne sont point de l'indifférence !

Messieurs, je m'arrêterai là, je m'arrêterai à un tel fait : j'ajouterai seulement que, dans toute l'Allemagne centrale, la polémique catholique obtient, dans la chaire comme dans les livres, les succès les plus consolans, les plus éclatans; que les rationalistes sont vaincus, complètement vaincus ; qu'un docteur Strauss, ministre luthérien, qui a composé un livre contre la divinité et même contre l'existence de Jésus-Christ, a été non seulement réfuté avec une force d'argumentation invincible, mais que, lorsqu'il a voulu prendre possession d'une cure dont il était titulaire, les habitans lui en ont interdit l'entrée, ont demandé et obtenu sa révocation !

Voilà des faits, Messieurs; vous en tirerez les conclusions. Tout esprit impartial pourra les en tirer. Et maintenant adieu, Messieurs! adieu à cette mer qui bientôt ne frémira plus sous mes yeux; adieu à ce panorama magnifique dont j'ai joui du haut de cette merveilleuse cathédrale, construite par la foi et le dévoûment de votre vénérable directeur, homme de Dieu et homme de science ! Adieu à cette ville dont je me sépare avec tant de peine, où j'ai le bonheur et le malheur de laisser des amis ! Oui, Messieurs, j'y laisse la meilleure partie de moi-même, ma pensée, mes affections. Messieurs, j'étais Parisien en venant, maintenant c'est un Boulonais qui vous quitte !

Ah! j'ai de la peine à sortir de ce collége, de cette ancienne demeure épiscopale, de cet *enclos de l'évêché*, de cette cour si bien plantée, agréable promenade, devant cette maison toujours ouverte, qui paraît tendre les bras à la jeunesse et où, Anglais et Français, n'ont qu'une patrie; où l'on arrive par ces verdoyantes allées dont l'ombre se projette devant l'entrée du collége comme celle d'un jardin, et y conduit comme par un vestibule de verdure ! J'ai de la peine à quitter toute cette hospitalité, toute cette bonté : *quando inveniam pares ?*

Et cependant, Messieurs, ce sentiment ne nous rendra pas injuste et exclusif. Oui, l'éducation, je l'ai dit, est ici élevée, éclairée; vos maîtres sont dignes de leur double sacerdoce, de celui des autels et de celui de la science. Ce sont des philosophes, catholiques et chrétiens! Oui, ce collége est vraiment un magnifique collége : cette cathédrale, bâtie au bout de votre cour de récréation ; cette cathédrale, consacrée à une ville par l'inépuisable zèle et le désintéressement presque sans exemple de votre directeur; cette cathédrale semble sortir du collége et s'élève là, perspective immense, pyramide de Dieu, dressée par la main d'un homme devant les jeux de l'enfance ! Oui, ce collége, placé près des remparts dans une magnifique situation, assez solitaire pour être à l'écart des bruits de la ville, point assez pour inspirer la moindre tristesse, la moindre mélancolie à tous ces jeunes esprits ; retraite animée, d'où l'on entend presque les vagues de la mer expirant au pied de la cathédrale ; cette éducation des lieux mêmes où l'on est élevé, cette éducation de la nature, si l'on peut dire, et des objets extérieurs jointe à l'éducation des livres, en attendant l'éducation du monde, cette autre mer où il faudra s'embarquer ! Oui, cet emplacement philosophique de ce collége, emplacement si bien choisi, tout cela me charme et me captive ! Mais, Messieurs, je vous l'ai dit, je ne suis point exclusif, car je suis catholique; hors le dogme, rien n'est moins exclusif que le catholicisme. Je souhaite donc aussi prospérité à cet autre collége que possède Boulogne, et pour lequel on fait ici des vœux sincères. N'est-ce pas un autre collége de Boulogne? N'est-ce pas une autre maison de l'intelligence? Je le sais, Messieurs, ici la seule rivalité à laquelle on aspire est celle du bien! La concurrence est ici philosophique, large, franche, loyale; on voit dans un collége frère le résultat heureux, attendu, de la prospérité même de cette ville et des lumières de ses habiles administrateurs! En terminant, j'avais besoin de rendre cette justice à un collége dont je ne connais pas les maîtres, mais auquel il suffit d'être sous le patronage de votre vénérable maire, cet excellent administrateur, cet homme si estimé, si digne de l'être, cet ami et ce soutien de la prospérité boulonaise, qui est aussi l'ami de ce collége! et dont les enfans font partie, pour ainsi dire, par leur habileté financière, par leur haute industrie, de la fortune même de Boulogne!

Messieurs, qu'avant de vous quitter je vous voie recevoir ces prix que vous avez mérités, et qu'il me soit permis de vous dire que votre souvenir est fixé dans ma pensée; que cette ville, cette basilique où je vois la Vierge arrivant sur le bateau miraculeux de la chronique boulonaise, que ce collége, me seront toujours présens; que je suis de cœur, à vous, à Boulogne, et que c'est une ville que je ne pourrai jamais oublier!

Messieurs, pour la première fois, j'y ai appris ce que c'était que d'émouvoir les âmes humaines par la parole; vous m'avez donné une tribune, Messieurs, je vous en remercie, et, pour résumer tout ce Discours, une tribune catholique, encore, je vous en remercie!

www.ingramcontent.com/pod-product-compliance
Lightning Source LLC
Chambersburg PA
CBHW061012050426
42453CB00009B/1386